El recipiente adecuado

Anne Montgomery

botones

¿Dónde los ponemos?

zapatos

¿Dónde los ponemos?

herramientas

¿Dónde las ponemos?

galletas

¿Dónde las ponemos?

cucharas

¿Dónde las ponemos?

huevos

¿Dónde los ponemos?

lápices

¿Dónde los ponemos?

juguetes

¿Dónde los ponemos?

DESAFÍO DE CTIAM

El problema

Tu maestro tiene demasiados clips.
Necesita un recipiente.

Los objetivos

- En tu recipiente deben caber 25 clips.
- Tu recipiente debe estar hecho con bloques de plástico.
- Debe ser fácil tomar los clips.

1 Investiga y piensa ideas

Aprende sobre los recipientes.

2 Diseña y construye

Dibuja tu plan. ¡Construye
tu recipiente!

3 Prueba y mejora

Pon los clips en tu recipiente.
Luego, trata de mejorarlo.

4 Reflexiona y comparte

¿Qué aprendiste?

Asesoras

Amy Zoque
Coordinadora y asesora didáctica de CTIM
Escuela Vineyard de CTIM
Distrito Ontario Montclair

Siobhan Simmons
Escuela primaria Marblehead
Distrito Escolar Unificado Capistrano

Créditos de publicación

Rachelle Cracchiolo, M.S.Ed., *Editora comercial*
Conni Medina, M.A.Ed., *Redactora jefa*
Diana Kenney, M.A.Ed., NBCT, *Realizadora de la serie*
Emily R. Smith, M.A.Ed., *Directora de contenido*
Véronique Bos, *Directora creativa*
Robin Erickson, *Directora de arte*
Stephanie Bernard, *Editora asociada*
Caroline Gasca, M.S.Ed., *Editora superior*
Mindy Duits, *Diseñadora gráfica superior*
Walter Mladina, *Investigador de fotografía*
Smithsonian Science Education Center

Créditos de imágenes: todas las imágenes cortesía de
Shutterstock y/o iStock.

Teacher Created Materials

5301 Oceanus Drive
Huntington Beach, CA 92649-1030
www.tcmpub.com
ISBN 978-0-7439-2546-4
© 2020 Teacher Created Materials, Inc.
Printed in Malaysia
Thumbprints.25940